GUÍA DE LECTURA

Escrita por Fanny Gillon
Traducida por Marta Sánchez Hidalgo

El infierno

de Dante Alighieri

Entiende fácilmente la literatura con

ResumenExpress.com

www.resumenexpress.com

DANTE ALIGHIERI

ESCRITOR, POETA Y HOMBRE POLÍTICO ITALIANO

- **Nacido en 1265 en Florencia (Italia)**
- **Fallecido en 1321 en Rávena (Italia)**
- **Algunas de sus obras:**
  - *La Divina comedia*, poema
  - *Vita nuova* (1292-1293), poemario
  - *De Monarchia* (1310-1313), ensayo

Dante Alighieri, italiano originario de Florencia (1265-1321) es un escritor y un poeta comprometido en la vida política de su ciudad natal.

Dante, autor de poesías amorosas (*Vita nuova*) escribió también obras que se tratan temas tan diversos como la lengua (*De Vulgari Eloquentia*) o la política (*De Monarchia*). Pero es principalmente conocido por haber compuesto *La Divina comedia*. Este largo poema en verso es la obra de toda una vida, está dividido en tres cánticos que se corresponden con la concepción cristiana del más allá: el Infierno, el Purgatorio y el Paraíso.

Dante, caracterizado por su reflexión sobre el hombre y la sociedad, se distingue de sus contemporáneos por mostrar su individualidad, su propia persona, algo realmente nuevo en el ambiente literario de la época.

EL INFIERNO

EL VIAJE DE DANTE EN LOS CÍRCULOS DEL INFIERNO

- **Género:** poesía
- **Edición de referencia:** Alighieri, Dante. 2009. *Divina comedia*. Traducido por Luis Martínez de Merlo. Madrid: Cátedra, colección *Letras Universales*
- **Primera edición:** 1314
- **Temáticas:** pecado, castigo, culpabilidad, política, sociedad

El Infierno, primer cántico de la *Divina Comedia*, se publicó en 1314 y tuvo una gran difusión, como lo muestran los manuscritos que nos han transmitido el texto. Este cántico está dividido en 34 cantos: el primero es un canto introductorio que explica la razón del viaje a través del Infierno primero, el Purgatorio y el Paraíso luego.

Dante, guiado por el poeta latino Virgilio, recorre el Infierno. Está estructurado en nueve círculos que llegan al centro de la Tierra donde se encuentra Lucifer, el ángel caído. El poeta conoce a los condenados que sufren una pena correspondiente a la gravedad de los pecados que han cometido en la tierra. Además, cuanto más progresa Dante en su viaje, más graves son los pecados.

RESUMEN

CANTO I

Dante está en un bosque oscuro y llega al pie de una colina iluminada, pero tres bestias le obligan a dar media vuelta. Entonces aparece Virgilio y anuncia al poeta que tiene que atravesar el Infierno para salvar su alma y acceder a la visión de Dios en el Paraíso. Será su guía en esta prueba.

CANTO II

Dante se pregunta por qué atraviesa el Infierno si está vivo. Virgilio le explica que Beatriz (la mujer que Dante amaba en su juventud y a la que le prometerá amor eterno) le ha exhortado a ir a sacarle del peligro en el que se encuentra. El poeta se siente preparado para afrontar su viaje.

CANTO III

En las puertas del Infierno, Dante descubre los espíritus neutros y cobardes, es decir, los que sólo vivieron para ellos mismos y los que nunca se han posicionado. Estas almas no se encuentran verdaderamente en los Infiernos porque, por el pecado que cometieron, el Infierno los considera indignos, no quiere nada de ellos. Allí se encuentran los ángeles que no tomaron partido cuando Lucifer se sublevó contra Dios. Los acosan avispas y moscas.

Dante y Virgilio llegan al río Aqueronte, lleno de almas que esperan que Carón las lleve a la otra orilla. De pronto la tierra tiembla y Dante se desmaya.

CANTO IV

Dante se despierta por un trueno, desciende con Virgilio al primer círculo, el Limbo, donde se retiene a los espíritus virtuosos que no fueron bautizados, entre ellos los que vivieron antes de la era cristiana. Virgilio forma parte de ellos. Su pena consiste en vivir siempre con el deseo insatisfecho de ver a Dios.

CANTO V

Minos, el juez de las almas, es el guardián del segundo círculo. Después de escuchar la confesión de los condenados, Minos enrosca la cola: el número de vueltas que hace indica el círculo donde el alma tiene que purgar su falta.

Este círculo es el de los lujuriosos, el de los que han sucumbido a la pasión. Les alcanza una tempestad infernal. Dante ve a personajes clásicos y contemporáneos, como Francesca da Rimini, que explica las circunstancias de su condena. Dante, compadecido, se vuelve a desmayar.

CANTO VI

Dante vuelve en sí en el tercer círculo, el de los Glotones, tumbados sobre fango y azotados bajo lluvia y nieve. Cerbero es el guardián. Dante habla con un pecador sobre Florencia, dividida en dos partidos (los güelfos blancos y negros, facciones medievales que se enfrentaron en Italia). Luego, Dante y Virgilio continúan su camino y a la entrada del cuarto círculo conocen a Plutón.

CANTO VII

Virgilio hace saber a Plutón que su viaje tiene lugar por voluntad de Dios. Entonces conocen a los Avaros y a los Pródigos, a los que no se puede reconocer, castigo infligido por haber guardado o derrochado su dinero sin juicio. Virgilio habla de la Fortuna, que depende de Dios. Llegan al quinto círculo, el de los Coléricos, que se encuentran en las aguas fangosas del Estigia.

CANTO VIII

Los dos poetas ven llegar a Flegias y suben a su barca. Después de atravesar el Estigia, se encuentran ante las murallas de la ciudad de Dite, protegida por los diablos. Virgilio no consigue convencerles de que los dejen pasar y anuncia que alguien se acerca y abrirá las puertas de la ciudad.

CANTO IX

Aparecen las tres Furias, encolerizadas por la presencia de los poetas, pero llega el enviado del cielo: espanta a los diablos reprobándoles que se opongan a la voluntad de Dios y abre las puertas de Dite.

Una vez en la ciudad, Dante y Virgilio distinguen en el sexto círculo a los Herejes en tumbas abiertas en llamas.

CANTO X

Es también el círculo de los Epicúreos, que creen que el alma
es mortal. Se oye una voz, la de un jefe florentino del partido
gibelino, que quiere saber a qué partido pertenece Dante.
Los poetas continúan su camino.

CANTO XI

Virgilio cuenta la disposición de los tres últimos círculos
haciendo referencia a la *Ética* de Aristóteles (filósofo griego,
384-322 a. C.) que distingue la incontinencia, la bestialidad
y la malicia. Así, en el séptimo círculo se encuentran los
Violentos; en el octavo, los Defraudadores, en particular
los que engañaron a personas que no confiaban en ellos; en
el noveno, los que engañaron a personas que confiaban en
ellos. Entonces, en el interior de los muros de Dite, encon-
tramos a los que mostraron voluntad deliberada de cometer
un pecado, mientras que en el exterior se encuentran los
que pecaron por incontinencia.

CANTO XII

El Minotauro es el guardián del séptimo círculo.

El primer giro está atravesado por un río de sangre hirviente
donde se encuentran los violentos contra su prójimo, más o
menos sumergidos según la gravedad del pecado y vigilados
por los centauros, a los que Virgilio cuenta el objetivo del
viaje: salvar el alma de Dante.

CANTO XIII

El segundo giro es un bosque habitado por las Arpías que encierra a los violentos contra ellos mismos. Allí se encuentran los suicidas, transformados en plantas y acosados por las Arpías, que no podrán recuperar su cuerpo después del Juicio Final porque se separaron de su cuerpo y los derrochadores, perseguidos por perras que los muerden.

CANTO XIV

Llegan al tercer giro: los violentos contra Dios, contra la Naturaleza o contra el Arte yacen sobre arena abrasadora y bajo una lluvia de fuego. Están tumbados, sentados o andan sin cesar.

CANTO XV

Los dos hombres se topan con una tropa de condenados: los violentos contra la Naturaleza (los Sodomitas) que andan bajo la lluvia de fuego. El antiguo maestro de Dante lo aborda y le habla de su obra y de la ciudad de Florencia.

CANTO XVI

Tres florentinos abordan a Virgilio y a Dante y éste les habla de su ciudad, donde reinan la desmesura y el orgullo.

Siguen su camino y llegan al río Flegetonte, que cae en el siguiente círculo. Virgilio lanza una cuerda en el barranco, de donde surge una bestia extraña.

CANTO XVII

Se trata de Gerión, símbolo del fraude. Mientras Virgilio pide a la bestia que los transporte, Dante observa a los violentos contra el Arte (los Usureros), sentados bajo la lluvia de fuego y reconocibles por sus escudos de armas.

Dante vuelve junto a Virgilio, que ya está a lomos de Gerión, quien les lleva hacia el octavo círculo.

CANTO XVIII

El octavo círculo está dividido en diez bolgias.

En la primera bolgia se encuentran los Seductores y los Rufianes (no confundir con los Lujuriosos: en los Seductores y los Rufianes no hay amor), azotados por demonios y corriendo cada uno en un sentido.

Entonces llegan a la segunda bolgia, la de los Aduladores que están hundidos en fango.

CANTO XIX

La tercera bolgia encierra a los Simoniacos, traficantes de objetos sagrados. Están encerrados con la cabeza hundida en hoyos de donde salen sus pies quemados por llamas. Dante se dirige a un condenado: el papa Nicolás III (1210-1280), que confunde a Dante con el papa Bonifacio VIII (1235-1303), que lo reemplazará en poco tiempo en el hoyo. Dante critica la sed de bienes materiales de los representantes de Dios en la Tierra.

CANTO XX

Llegan a la cuarta bolgia, la de los magos y adivinos. Tienen la cabeza girada hacia atrás y andan retrocediendo, ellos que pretendían predecir el futuro.

CANTO XXI

La quinta bolgia se compone de los Traficantes y los Malversadores, hundidos en brea hirviente y vigilados por unos demonios, los Malasgarras, que los arponean. Virgilio habla con los demonios para que los dejen pasar. Un grupo los escolta hasta la siguiente bolgia.

CANTO XXII

Bordean el río de brea. Un Malagarra atrapa a un condenado que propone traer a algunos de sus compañeros si los demonios se alejan, pero el pecador aprovecha para volver a hundirse. Dante y Virgilio se van por miedo a que los demonios crean que son los responsables del incidente.

CANTO XXIII

Los Malagarras los siguen, pero consiguen llegar a la sexta bolgia, la de los Hipócritas, que avanzan lentamente bajo el peso de una capa de plomo dorada por fuera. Un condenado llama la atención de Dante: Caifás, el sacerdote hebreo que apoyó la condena a muerte de Jesús.

CANTO XXIV

Dante y Virgilio llegan a la séptima bolgia, que encierra a los Ladrones. Primero están los que robaron objetos sagrados: corren desnudos con las manos atadas y les muerden serpientes; se transforman en cenizas y luego retoman la forma humana. Un florentino predice a Dante la victoria de los güelfos negros.

CANTO XXV

Dante y Virgilio encuentran a tres condenados: ladrones transformados en serpientes por haber cogido bienes materiales de otra persona. Por eso se ven privados de su forma humana.

CANTO XXVI

La octava bolgia, llena de llamas que esconden a los pecadores, es la de los malos Consejeros. Se distingue una llama: es Ulises, que cuenta las circunstancias de su desaparición.

CANTO XXVII

Otra llama aborda a los poetas y les pide noticias de la Romaña. Dante le habla de esta región, dominada por tiranos. Continúan su camino para llegar a la novena bolgia, la de los Sembradores de discordia.

CANTO XXVIII

Estos Sembradores de Cisma caminan en círculo y la espada

de un diablo los despedaza.

Dante y Virgilio ven a Mahoma, fundador de la religión islámica, y a Curión, que animó a César a atravesar el Rubicón.

CANTO XXIX

La décima bolgia contiene a los Falsarios. Virgilio y Dante conocen primero a los Falsificadores de metales (los alquimistas). Están a cuatro patas y tienen sarna y lepra.

CANTO XXX

Dante y Virgilio conocen a otros Falsificadores:

- los Falsificadores de personas, que muerden a los condenados;
- los Falsificadores de dinero, que se mueren de sed;
- los Falsificadores de palabras, que sufren de la cabeza.

CANTO XXXI

Llegan al pozo de los Gigantes, que vigilan el círculo de los Traidores, encerrados en el hielo. Conocen a Nemrod, causante de la multitud de lenguas en la Tierra, luego se dirigen a Anteo, al que Virgilio pide que los deje en el noveno y último círculo.

CANTO XXXII

Entran en la primera zona (Caína) del noveno círculo: el de los Traidores a sus padres. En la segunda zona (Antenora) conocen a los Traidores a su patria. Incluso en el Infierno, los condenados se traicionan unos a otros, puesto que están condenados a devorarse. Dante conoce a dos traidores.

CANTO XXXIII

Uno de los traidores, el conde Ugolino, explica las circunstancias que lo han llevado hasta allí; está condenado a comer la cabeza en el infierno de quién causó su perdición.

Van a la tercera zona (Tolomea) donde están los Traidores a sus anfitriones. Conocen a un condenado que mató a sus compañeros en una comida.

CANTO XXIV

Dante y Virgilio llegan a la cuarta zona (Judea), la de los Traidores a sus benefactores, a la autoridad humana o divina, completamente encerrados en el hielo. Encuentran entonces a Lucifer con sus tres caras. Cada una muerde a uno de los tres grandes traidores: Judas, Bruto y Casio.

Dante y Virgilio trepan sobre Lucifer y acaban atravesando una galería que los lleva al Purgatorio.

ESTUDIO DE LOS PERSONAJES

DANTE

Conviene distinguir al Dante personaje y al Dante autor.

El Dante personaje es el narrador que cuenta en primera persona del singular su viaje a través del Infierno. Como su vida terrenal estaba compuesta de pecados y había perdido el sentido de los verdaderos valores, comienza un largo periplo para salvar su alma.

Dante evoluciona a lo largo del cántico. Tiene un espíritu curioso, sin embargo es frágil y miedoso al principio (cf. visible en sus desmayos) y expresa sus dudas en cuanto a su presencia en estos lugares. Pero el contacto con los condenados y las indicaciones de Virgilio le hacen coger confianza. Observa las almas, les habla, aprueba la condena de algunas (F. Argenti) e incluso critica a veces de forma acerba (la crítica de los bienes materiales de los religiosos). Su curiosidad se aviva y parece experimentar a lo largo del relato una especie de fascinación que puede ser nociva para los condenados, fascinación que Virgilio a veces le arrebata al invitarle a continuar su camino.

El Dante autor presenta su propia persona. Pone de relieve su individualidad y su identidad, lo que es innovador en la literatura de la época.

El Dante autor se hace a su vez juez al situar en los círculos del Infierno a personajes históricos o mitológicos, pero sobre todo a personajes que le son más o menos contemporáneos. Va incluso a anunciar la llegada al Infierno del papa que reina en el momento en el que compone la obra (Bonifacio VIII). Aunque la obra haya tenido un gran éxito, no siempre fue bien recibida.

VIRGILIO

Virgilio, poeta latino del siglo I a. C, autor de la *Eneida,* es el guía de Dante: es benévolo y tranquilizador. Representa de cierta manera la voz de la razón y la voz de la sabiduría, aunque no haya conocido a Dios, lo que le condena a los Infiernos.

Él le permite a Dante realizar su viaje: le acompaña en cada círculo y le da todas las explicaciones necesarias. Cumple su tarea porque es la voluntad de Dios, lo que él hace valer ante cada guardián de círculo o a cada servidor de Dios en el Infierno. Como no está bautizado, no puede acceder a la visión de Dios y tiene que ceder su lugar a Beatriz para la siguiente parte del viaje.

LOS CONDENADOS

Dante hace referencia a muchos personajes mitológicos (Ulises), históricos (el conde Ugolino) o contemporáneos (Filippo Argenti), a escritores y filósofos conocidos (Homero, Aristóteles), a personajes de novelas (Tristán e Isolda), etc. Algunos personajes tienen más sentido para los lectores de la época que para los de hoy en día.

La mayor parte del tiempo, Dante nombra de forma muy

clara a los condenados de manera que su juicio como autor es explícito: al situarlos en el Infierno, los condena. De esta forma, los condenados no están representados como una masa amorfa, sino que suelen estar personalizados, lo que es evidentemente importante en la evolución de Dante como personaje, porque gracias al contacto que tiene con los condenados puede madurar.

CLAVES DE LECTURA

LA ESTRUCTURA DEL INFIERNO

El Infierno tiene forma de cono invertido. Sus círculos son concéntricos y convergen hacia Lucifer que, con su caída, ha creado el Infierno precisamente bajo la ciudad de Jerusalén. El lugar en el que se encuentra Lucifer corresponde al centro de la Tierra y por ahí Dante podrá ir al Purgatorio donde Virgilio cederá su lugar a una nueva guía, Beatriz.

La estructura del Infierno

	Puertas del Infierno		Los Espíritus neutros y cobardes
Los incontinentes, incapaces de controlar sus pasiones	1.er círculo, el Limbo, vigilado por Caron		Los espíritus virtuosos no bautizados
	2.º círculo, vigilado por Minos		Los Lujuriosos
	3.er círculo, vigilado por Cerbero		Los Glotones
	4.º círculo, vigilado por Plutón		Los Avaros y los Pródigos
	5.º círculo		Los Coléricos
Los Violentos, conscientes de su pecado	6.º círculo		Los Heréticos
	7.º círculo, vigilado por el Minotauro	1.er giro	Los Violentos contra su prójimo
		2.º giro	Los Violentos contra ellos mismos (suicidas y derrochadores)
		3.er giro	Los Violentos contra Dios, contra la Naturaleza y el Arte

	8.º círculo, vigilado por Gerión	1.ª bolgia	Los Seductores y los Rufianes
Los defraudadores, conscientes de su pecado		2.ª bolgia	Los Aduladores
		3.ª bolgia	Los Simoniacos
		4.ª bolgia	Los Magos y los Adivinos
		5.ª bolgia	Los Traficantes y los Malversadores
		6.ª bolgia	Los Hipócritas
		7.ª bolgia	Los Ladrones
		8.ª bolgia	Los malos Consejeros pérfidos
		9.ª bolgia	Los Sembradores de cisma y discordia
		10.ª bolgia	Los Falsificadores de metales, personas, dinero, palabras
	Pozo de los Gigantes		
	9 círculo	1.ª zona (Caína)	Los Traidores a sus padres
		2.ª zona (Antenora)	Los Traidores a su patria
		3.ª zona (Tolomea)	Los Traidores a sus anfitriones
		4.ª zona (Judea)	Los Traidores a sus benefactores, la autoridad humana o divina

EL PRIMER CANTO Y LA IMPORTANCIA DE LOS SÍMBOLOS

Este canto tiene un valor particular en *La Divina comedia*. Es como un prólogo porque expone los hechos que han empujado a Dante a realizar este viaje.

Dante empieza su viaje sobre el 1300, cuando llega a lo que él considera la mitad de su vida, dicho de otra forma: su madurez. Piensa que su vida terrenal está hecha de pecados y que está dominada por sus instintos. No llega a encontrar solo el camino del bien («mi ruta había extraviado», Alighieri 2009, v. 3) y no sabe exactamente lo que le ha alejado de él (Alighieri 2009, v. 10-12). Por eso se encuentra en un bosque y empieza su viaje.

Este primer canto está lleno de símbolos, lo que constituye una característica medieval, y se hace eco de algunos de ellos en la continuación del poema. De esta forma, el bosque oscuro simboliza la pérdida de la razón, la distracción espiritual del poeta y asusta a Dante porque parece anunciar la condena de su alma. La colina y los rayos del sol hacen referencia más bien a Dios, a la gracia divina, y así hacia lo que el poeta se inclina para salvar su alma. Las tres bestias que impiden a Dante pasar también son símbolos. Representan pecados y tienen un significado claro para los lectores de la época de Dante: la pantera representa la lujuria; el león, el orgullo; la loba, la avaricia y la codicia. Anuncian las tres grandes divisiones del Infierno: la incontinencia, la violencia y el fraude.

Cabe destacar que todo el *El infierno*, como los otros cánticos de *La Divina comedia*, está lleno de símbolos. La representación del más allá también corresponde a la de la cristiandad y la simbología religiosa está muy presente, sobre todo por la importancia del número 3, que se refiere a la Trinidad: de esta forma tenemos tres cánticos, treinta y tres cantos, tres guías diferentes, etc. Dante hace referencia continua a Dios, a la gracia divina y a su justicia. Además, la estructura del Infierno es el símbolo de la caída de Lucifer.

LAS PENAS DE LOS CONDENADOS

Los condenados son castigados por Dios y las penas sufridas son justas porque dependen de la voluntad divina. Estas penas están determinadas por la ley del *contrapasso*, una especie de ley del talión invertida (castigo que consiste en lo contrario de la falta cometida o en analogía con ella).

Las penas de los condenados pueden ser de dos tipos: o tienen una relación de correspondencia, de similitud o de analogía en cuanto al pecado cometido, o tienen una relación de oposición. Por ejemplo, a los cobardes que se encuentran en el vestíbulo del Infierno les pican abejas porque, en su vida terrenal, no querían que nada les tocara: a los que nunca les han tocado en su vida les picarán en la eternidad en el Infierno. Es una relación de oposición. Otro ejemplo: a los lujuriosos les toman en los vientos de la tormenta como si les tomaran los brazos de la pasión sobre la Tierra. Se trata de una relación de similitud.

Por desgracia, no todas estas relaciones son evidentes y algunos siguen siendo tema de debate entre especialistas.

EL CONTEXTO HISTÓRICO

La *Divina comedia* está escrita en florentino del siglo XIII y no en latín, considerado en la época la lengua por excelencia, la lengua de la cultura.

El Infierno está muy anclado en su época, tal y como lo muestra la presencia de los condenados del tiempo de Dante, pero también y, sobre todo, la importancia de Florencia y de Italia. El contexto histórico, principalmente la lucha entre gibelinos y güelfos, y sobre todo la lucha entre los güelfos negros y blancos predomina y corresponde a la realidad de la Italia de Dante. Muchos son los condenados que hablan con Dante de este contexto político.

Florencia estaba dividida en dos grupos que querían el poder: los güelfos y los gibelinos. Los güelfos apoyaban el poder temporal del papa, mientras que los gibelinos apoyaban la autoridad del emperador. Los güelfos se dividieron en dos bandos: los güelfos blancos y los güelfos negros. Los negros eran partidarios del poder papal y le reconocían una autoridad en los asuntos temporales. Los blancos eran más moderados y querían su independencia del papa y del emperador.

PISTAS PARA LA REFLEXIÓN

ALGUNAS PREGUNTAS PARA PROFUNDIZAR EN SU REFLEXIÓN...

- Explique en qué consiste el *contrapasso* citando al menos cinco ejemplos diferentes y explicándolos.
- Relacione *El infierno* de Dante con las ilustraciones que ha hecho Gustave Doré (dibujante y pintor francés, 1832-1883). ¿Cree que muestran el Infierno tal y como lo describe Dante en su obra?
- Encuentre diez referencias a la mitología clásica y explíquelas.
- Establezca una comparación entre las grandes divisiones de *El infierno* y los siete pecados capitales.
- ¿Quiénes son Paolo y Francesca da Rimini? ¿Dante los juzga?
- Según su opinión, ¿en qué aspecto es original la concepción de *El infierno* de Dante?
- Algunos críticos han reprochado a Dante que proporcione una especie de lista de condenados. Tome una posición respondiendo específicamente a la siguiente pregunta: ¿qué aporta/arrebata esta lista al texto?
- Encuentre tres ejemplos en los que Virgilio representa la voz de la razón, de la sabiduría, y explíquelos brevemente.
- Señale dos pasajes en los que Dante estalla en una diatriba contra un tema y coméntelo haciendo referencia al contexto histórico de la época. Para ello, use fuentes externas.
- Explique los cuatro nombres de las subdivisiones del último círculo del Infierno. Cada nombre de las subdi-

visiones hace referencia a un personaje: Caín, Antenor, Ptolomeo y Judas. Para ello, tiene que hacer referencia al pecado cometido por cada uno de ellos.
- Explique la importancia del número tres en *La Divina comedia*. ¿Qué significa?

¡Su opinión nos interesa!
¡Deje un comentario en la página web de su librería en línea,
y comparta sus favoritos en las redes sociales!

PARA IR MÁS ALLÁ

EDICIÓN DE REFERENCIA

- Alighieri, Dante. 2009. *Divina comedia*. Traducido por Luis Martínez de Merlo. Madrid: Cátedra, colección *Letras Universales*.

EN RESUMENEXPRESS.COM

- Guía de lectura de *La Divina comedia* de Dante Alighieri.